흘러가는 사랑

흘러가는 사랑

초판 1쇄 발행 2012.1.15

지은이 조순원
펴낸이 방주석
영업책임 곽기태
디자인 전찬우
펴낸곳 베드로서원
주소 (우)110-740 서울 종로구 연지동 136-56 한국기독교연합회관 1309호
전화 02)333-7316 | **팩스**   02)333-7317
이메일 peterhouse@paran.com
홈페이지 www.peterhouse.co.kr

출판등록 2010년 1월 18일(제59호) / 창립일(1988년 6월 3일)
ISBN 978-89-7419-304-1 03810
책값 뒤표지에 있습니다.

ⓒ이 출판물은 저작권법에 의해 보호를 받는 저작물이므로
무단 전재와 무단 복제를 할 수 없습니다.

베드로서원은 말씀과 성령 안에서 기도로 시작하며
영혼이 풍요로워지는 책을 만드는 데 힘쓰고 있으며,
문서선교 사역의 현장에서 세계화의 비전을 넓혀가겠습니다.

나의 힘이신 여호와여 내가 주를 사랑하나이다(시 18:1)

흘러가는 사랑

조순원 지음

베드로서원

흘러간 세월들 앞에 잊고 지내던 사랑들이 활짝 피어나 기나긴 침묵 지나고 묶은 감정 꺼내보니 형체는 없어졌지만 오묘한 향기가 입맛을 당겨 세상에 나가고 싶은 마음이 넘쳐 났습니다.

겨우내 익혀온 사랑을 피워내기 위한 간절한 마음으로 이제는 꽉 차오른 숨죽이고 사무치는 그리움되어 꼭 싸매고 숨어 지내온 지난 시간들을 묻어 버린 채 오로지 한 줄 한 줄 매워 놓은 열기로 통곡소리 잠재웠고 남김없이 불태워버리고자 마지막으로 꺼내보고 있습니다.

돌이켜보니 기나긴 밤을 하얗게 지새우며 봄이 온 줄도 모른 채 두꺼운 솜이불 뒤집어 쓰고 숨죽이며 무심코 지내왔던 아픔들 벗겨볼수록 자꾸만 눈물이 쏟아져 찢어지는 마음뿐이지만 지나간 상처들은 영원히 가슴에 묻어 놓기로 했습니다.

이제 또다시 결코 뒤돌아 보거나 후회하지 않기로 다짐하면서 완성을 위하여 아무런 준비를 하지 못했지만 비겁하게 핑계대지 않아요. 단지 아쉬움 남아 있다면 오랜 시간 침묵으로 사랑을 못한 바보세월이었고 어리석은 시절을 보냈지만 이제라도 세상에 나와 고백하게 되어 행복합니다.

때아닌 엄동설한에 활짝 핀 풋내기 사랑이라 아직은 설익어 풋풋한 비린내가 날지라도 여러분의 너그러운 사랑으로 마음껏 품어주시길 바랍니다.

끝으로 이 시간까지 버팀목되어 지켜주시고 살아계시어 앞으로도 영원히 함께 해 주실 주님께 모든 영광을 올립니다.

그리고 세상 빛을 다시 볼 수 있도록 도와주신 방주석 사장님과 특별히 아름다운 마음이 넘쳐나 아름답게 후원해주시고 기도해주신 박선영 가족에게 깊은 감사를 드립니다. 또한 비록 몸은 멀리 떨어져 지내지만 언제나 한결같은 마음으로 사랑하는 당신께도 고마움을 전하며 여러분 사랑합니다.

2011.12

조 순원

| 목차 |

1부 / 헤아리는 별밤

석양 1 / 12
헤아리는 별밤 / 13
돌아버리는 통곡 / 14
알게 뭐야 / 15
도란도란 / 16
감성 / 17
아름드리 / 18
참사랑 노래 / 19
스며드는 차가움 / 20
살얼음 1 / 21
푸른 하늘 / 22
안식처 / 23

차가운 바람 / 24
벌거숭이 2 / 25
똘똘 나무 / 26
돌아서는 마음 1 / 27
몸뚱아리 / 28
더불어 사는 꿈 2 / 29
눈보라 2 / 30
사랑의 찬가 3 / 31
오직 당신 1 / 32
넝쿨 / 33
소원 1 / 34
소원 2 / 35
줄무늬 셔츠 / 36

2부 / 멋진 마음

안개 낀 고속도로 / 38
계단 3 / 39
사탕 1 / 40
사탕 2 / 41
교감 3 / 42
서러움 1 / 43
사랑하는 당신이여 2 / 44
남은 별똥 / 45
은행나무 1 / 46
휴스턴 앞 바다 3 / 47
사탕 2 / 48
사탕 3 / 49
반복 1 / 50

어루만지는 달빛 / 51
사랑하는 당신이시여 1 / 52
비싼 보배 / 53
돌아서는 마음 2 / 54
맞춤옷 1 / 55
맞춤옷 2 / 56
맞춤옷 3 / 57
멋진 마음 1 / 58
멋쟁이 1 / 59
멋쟁이 2 / 60
멋쟁이 3 / 61
멋진 마음 2 / 62
멋진 마음 3 / 63
이웃에 1 / 64
이웃에 2 / 65
머슴아 1 / 66

| 목차 |

3부 / 흐르는 세월

새날 멋진 날 / 68
흐르는 세월 / 69
새로운 각오 / 70
우재 1 / 71
멋진 날 / 72
우재 2 / 73
당신 / 74
제일 예쁜 당신 / 75
하룻밤 1 / 76
하룻밤 2 / 77
시월 어느 날 / 78
아무것도 가진 게 없는 나 / 79
오랜 세월 반 토막난 나 / 80

어쩌란 말인가? / 81
이날에 / 82
단 한 사람 / 83
많이 많이 더 많이 / 84
기다림의 연속 / 85
아직도 머물러 있어요 / 86
산소 같은 기분 / 87
새치기 / 88
누구인가? / 89
멈춰버린 시간 / 90
이제부터는 / 91
흰 여백 / 92

4부 심장소리

느낌만으로 / 94
나에게는 / 95
모닥불 1 / 96
모닥불 2 / 97
심장소리 1 / 98
심장소리 2 / 99
어둔 소리 1 / 100
어둔소리 2 / 101
보고 싶어요 1 / 102
보고싶어요 2 / 103
철부지 1 / 104
철부지 2 / 105

요란함으로 1 / 106
요란함으로 2 / 107
출렁거리며 1 / 108
출렁거리며 2 / 109
출렁거리며 3 / 110
어루만져 주고 싶어요 1 / 111
어루만져 주고 싶어요 2 / 112
어디까지나 / 113
아름다움 / 114
다시 만날 기쁨 / 115
당신은 내여자 / 116
떠나 보낼 수 없어요 1 / 117
떠나 보낼 수 없어요 2 / 118
누구는 무지하게 좋겠네 / 119
단심 / 120

1부
헤아리는 별밤

석양1

문득
내 자신이 누구인지
혼란이 왔을 때
눈부신 햇살은 소리 없이 다가와
내 곁에 머물러 감싸주었습니다

잔뜩 찌푸린 구름사이로
살짝 내민 당신의 얼굴은
너무나 큰 기쁨이었습니다

서로 친해주길 기다리면서
마냥 좋아 바라만 보다가
어둠 속에 사라지는 미소를
그저 안타깝게 바라보았습니다

헤아리는 별밤

정다운 눈길이
그저 좋았고
포근히 어루만져주던 손길이
너무나 그리워
밤하늘 쳐다보며 한숨만 내쉽니다

얼마나 기다려야
정다운 인사를 할지
별을 세며 시간을 헤아리고 있습니다

아무리 외쳐봐도 당신은 대답없고
밤하늘에 별빛만 반짝입니다
깊은 잠속에 당신을 만나
한올의 숨결조차 놓치지 않고
가슴에 안아 보렵니다

돌아버리는 통곡

워낙 유명인사여서
잊어야지 하면서도
잊지 못해 다시 찾았고
사랑하지 말아야지 하면서도
또 다시 사랑하였다네

고귀함이 전하지만
들을자가 듣지못해
뒤집어 엎어버리고
망설임으로 사랑 전하였다네

알게 뭐야

짧은 시간이었지만
어쩌다 만난 운명이기에
시련과 아픔은 너무 컸고
못내 떠나야지 하면서도
헤어지지 못해 통곡하였네

묶어 버린 음성
누구는 엄청 좋겠네
내 마음 꿰뚫고
파고 든 그대 음성
한줄기 빛과 같은
신선한 충격이었습니다
주체할 수 없어요

도란도란

우리만의 오랜 이야기
이제 더 이상 담아둘수 없어
사랑의 꽃망울 터뜨리며
멋진 만남으로 자랑해요

바라 보는 당신의 미소가
너무 아름답고 흐뭇하지만
모두에게 보여 줄 수 없어
나만의 비밀 수첩에 담아두어요

언제인가 꺼내볼테지만
지금은 알려줄 수 없음으로
내안에 당신은 영원하여
멋진 사랑으로 뽐내세요

누구든지 넘겨다 볼수 없고
우리사랑 나눌수 없기에
답답함 물리치고 기다리며
영원한 사랑으로 꽃피워요

감성

새로운 모습 그려보며
무지개 빛 풍요롭게 하기 위하여
텅빈 공간에 그림을 그리고
아름답게 색칠하였습니다

이 밤이 지나면
텅빈 공간만 남아 있을 테지만
감동적인 생각으로
또다시 아름답게
당신을 그려보겠습니다

다시 생각나는
깊은 밤 깊은 잠속에
오늘을 덮어 버리고
그림속으로 날아갑니다
우리들의 사랑을 더 깊게 해 줄
아름다운 길을 찾아

아름드리

붙지 말아요
아름드리 뻗은 나무사이로
서로가 모르기에 나갑니다

이슬방울 맺힌 잔디를 헤치며
빨간 장미 한 송이 가슴에 안고
천진한 미소 속에 빠져듭니다

완전한 환상을 엮어가요
흠뻑 비에 젖기도 하고
서로가 조금씩 알아갑니다

깔끔하게 마무리하면서
매서운 눈보라 속에 헤매기도 하다가
바람 한 점 없는 화창한 봄날을 지나
뜨거운 태양 아래 주저앉고 말았습니다

참사랑 노래

하고 싶은 말 너무 많아
깊은 밤 잠 못 이루며
당신을 위하여 무엇부터 해야 되는지
어떻게 하면 당신의 마음까지
차지할 수 있을지 생각하고 있습니다

순수한 의도로 다가서며
나에게 베푼 사랑을 보답하고
당신의 빈 가슴에 나의 참사랑을
가득 채워주고 싶습니다

다시 만나는 그 날
고이고이 간직했던 나의 사랑을
당신에게 오롯이 드리겠습니다

스며드는 차가움

이건 말할 수 있어요
두 눈에 이슬 가득 담고
슬픈 미소 짓던 이별의 아픔은
이제 다시 하고 싶지 않아

가장 아름다울때
이대로 이대로
내곁에 머물러 있어요

그 때 그 마음 변치 말고
영원히 영원히
간직하고 있어요

텅 빈 가슴속에
스며드는 차가움을
굳게 맺은 약속으로 이겨내며
당신과 함께 이 밤을 보내렵니다

살얼음 1

서로 서로 찾아봐요
아픈 몸 뒤척이며
토해내는 한숨소리가
귓전에 맴돌아 찬바람 맞으며
머언 하늘만 하염없이 바라봅니다

서로 서로 알아가요
고독에 몸부림치며
얼마나 아파할까?
외로울 때 위로가 되지 못하고
홀로 있게 하는 내가 미워
괜시리 시간을 원망합니다

통쾌하게 미루어 놓고
아무 생각없이 살얼음 지나갑니다

푸른 하늘

서로 모두 보여 주어요
기나긴 밤 잠 못 이루고
뒤척이며 얼마나 힘들어할까?
괴로울 때 위로가 되지 못하고
혼자 있게 하는 내가 미워
푸른 하늘을 원망합니다

어두운 골짜기를 지날 때에
한 줄기 빛이 되고자 하였건만
너무 머얼리 있어 안타까울 뿐입니다

상한 마음 부여안고
다시 한번 다짐합니다
오늘의 어려움을
내일의 희망으로 이겨내고
자랑스러운 만남으로 이어 나가요

안식처

좁은 공간 마다않고
나는 지금
당신을 향해 달려가고 있습니다

근사한 분위기 내놓아
기다림은 너무 지루하여
이대로 머무를 수 없습니다

숨길 모양은 모두 버리고
당신은 나의 유일한 안식처이기에
기쁨도 슬픔도 함께 나누고자
당신 곁으로 달려가고 있습니다

섞어 두기엔 너무 멀기에
종잡을 수 없는 바램으로
좁은 공간 빠져나갑니다

차가운 바람

원하는 바 모두 채워줌으로
당신의 목소리가 너무나 그리워
무엇이 그토록
당신을 힘들게 하였단 말입니까?

갖을 것 모두 추구함으로
너무나 슬픈 마음에
차가운 밤바람 헤치고
당신께 달려가고 있습니다

바라는 바 전부 이루어짐에
당신의 맑은 목소리
환한 미소가 그리워
당신께 달려가고 있습니다

벌거숭이 2

푸른 초원 가로지으며
세상의 누구도
어제의 모습 알아보는 이 없어
산들바람 불어와 완벽이었습니다

자상함을 추구하며
쓸쓸한 고독 속에 벌거숭이 상처들을
찬바람 속에 내어놓고 옛 추억 더듬으며
애타게 기다립니다

서로 독차지 하고 싶어
아무도 보이지 않는 깊은 골짜기에
아무 소리 들리지 않는 적막 속에
따스한 입김으로 포근히 맞아줄 그대를
마음 설레이며 기다리고 있습니다

똘똘 나무

한때는 모두에게
시원한 휴식을 주었고
한 계절 풍성한 열매로
기쁨을 주었지만

이제 새로운 열매를 위해
벌거숭이가 된 나무처럼
당신을 위해 내 사랑을
다시 키워 갑니다

깊은 뿌리는 아니라
때로는 비바람에
흔들리기도 하겠지만
풍성한 가을 하늘을 기다립니다

돌아서는 마음 1

함께 있어 좋았지만
가슴 아픈 상처 때문에 돌아서야 합니다
눈물이 앞을 가려 가는 길 몰라도
더듬더듬 나가야 합니다

마음과 마음이 합하여도
거역할 수 없는 운명 때문에
혼자 눈물 흘리며 돌아서야 합니다
흐르는 눈물 주체할 수 없어
걷기 힘들어도 걸어가야 합니다

아무것도 보이지 않는 긴 터널 속에
깊이 잠들어있는 약속들
함께 있을 땐 너무 좋았지만
이젠 홀로 남겨져
모든 멍에 짊어지고 떠나가야 합니다

몸뚱아리

너무 예쁘다
떼어낼 것 다 떼어내고
벗길 것 다 벗기고
앙상하게 남은 가지 잘라낼 때

아직 피어나지 못한
어린 가지의 눈물도
내일의 희망으로 잘라내고
몸뚱아리 가장자리에 빈자리를 만들어 낸다

갈수록 태산이다
한때는 죽음과 같은 시간을
새날의 희망으로 이기고

일그러진 흉터 헤치며 새순이 돋듯
내 마음에 피어날 환희를
기쁨으로 노래하리라

더불어 사는 꿈 2

당신의 한숨은
이제 그만 내 가슴에 묻어주오

몰랐을 땐 어쩔 수 없었지만
당신의 슬픔 이제 그만 내 사랑으로 잊어주오

동행할 수 없을 땐 어쩔 수 없었지만
당신의 고독 이제 그만 내 마음에서 걷어주오

당신의 희망은 내 생활의 전부가 되었고
당신의 소망은 나의 간절한 몸부림입니다

당신과 더불어 사는 삶이기에
결코 놓칠 수 없는 꿈이 되었고
헛되이 보낼 수 없는 인생이 되었기에
당신은 나의 분신입니다

눈보라 2

무섭도록 고요한 적막 속에
한가닥 빛이 있었네
이름도 없이 값도 없이
주기만 하였다네

메마른 삶 속에 활력이 되고
그저 베풀기만 할 뿐.
변함없는 사랑 속에
순종하는 양이 되었네

온 대지가 꽁꽁 얼어붙을 지라도
그대 위한 따스함이 되어
묵묵히 기다리겠네
휘몰아치는
눈보라 속에서도
온 몸을 감싸안고
꼭 잡은 손길 속에 정열을 불태우겠네

사랑의 찬가 3

나의 희망은 무엇인가?
어떤 유혹도 거절하고
오직 그대만 사랑하리라
값으로 따질 수 없는 그 사랑으로
당신만 사랑하리라

나의 소망 무엇인가?
어떤 고통도 물리치고
오직 그대만 지켜가리라
세상에서 가장 귀한 그 사랑으로
당신만 사랑하리라

나의 미래는 무엇인가?
덧없는 욕망 누르고
오직 그대만 따르리라
불가능한 사랑 이루어낸 그 사랑으로
당신만 사랑하리라

오직 당신 1

내 자신을 다 바친다면
나 아무리 능력있다 해도
당신 없인 살 수 없네
나 아무리 힘이 넘친다 해도
당신밖엔 없네

넘치는 사랑 너무 기뻐요
값없이 주는 사랑
너무 행복합니다

나의 부족함은
당신의 희생으로 채워주고
나의 흔들림은
당신의 순정으로 지켜주네
나 아무리 능력있다 해도
당신없인 살 수 없네

넝쿨

탐스런 호박 넝쿨 바라보며
가을 한철 별 따는 기쁨으로
주렁주렁 매달린 행복을 느낀다

잔잔한 마음 한 구석에
거친 파도 일렁이듯
고통도 많았지만
훤하게 트인 대지 위로
마음껏 달려가 본다

발돋움하는 아름다운 추억 속에
산들바람 불어와
답답한 가슴 달래주며
함께 어울려 달려가 본다

소원 1

믿음을 저버리지 않고
금년 한해는 인간답게
아름다운 모습으로 살아가게 하소서

교만하지 않고 겸손하며
미소 잃지 않고 큰사랑 베풀게 하소서
작은 일부터 소홀함 없이
최선을 다하여 긍정적인 삶이 되고자 합니다

험한 세상 빛이 되어
모든 일에 원망과 시비가 없게 하며
끝맺음을 분명하게 하는
절도 있는 삶이 되고자 합니다

소원 2

순진하도다 순결하도다
부족한 능력을 슬기롭게 극복하고
화냄 없이 매일 건강하게 살아가고자 합니다

평안과 기쁨이 넘쳐
행복한 하루 하루가 되게 하소서

만족하고 만족하도다
무엇보다도 소중한 것은
하나밖에 없는 나의 사랑 굳게 지켜
더욱 사랑하게 하소서

오늘 이 시간 이대로
다음을 위한 휴식의 시간으로
모두 정리하고자 합니다

줄무늬 셔츠

날마다 새록새록 피어나는 애틋함
맑은 눈빛 속에 내 마음 심어주며
그대와 함께 거친 풍랑 헤쳐 나간다

온 몸을 감싸는 그녀의 정성에
두둥실 떠다니는 비눗방울처럼
그저 좋아서 어찌할 줄 모른다

손을 잡지 않아도 따스하고
말을 안해도 잔잔한 진동 온몸에 퍼지며
오가는 속말 속에 부푼 꿈자락
높이 높이 띄워 보낸다

2부 멋진 마음

맞느러지게 자리잡은
가을하늘 사라 봅니다

기부를 함께 하니
주변의 기쁨이 되니
행복을 함께 느끼면
내게의 행복이 되어
항후 가시도 하나가 됩니다

이 의 하나가 비었기에
숨음은 함께하던
그 소중은 고 삶이 되고
이루 상시는 함께하만
쓰다믄 상시는 있어 합니다

높다 높은 하느은 내 품에 넣어
신선한 사랑은 병균이 갑니다

안개 낀 고속도로

희뿌연 안개사이로 소리없이 다가와
신선한 향기 듬뿍 뿌려주며 웃음짓는다

오래전 헤어졌던 친구 마냥
잠깐 스치는 바람에도 상쾌해진다

가을이 되면
울적해지는 마음을 애써 달래며
파란하늘처럼 해맑은 웃음을 지어본다

마음 속 깊이 우러나는 사랑을
가을 하늘에 푸르게 담아
우리의 내일을 위해 갈무리한다

계단 3

하얀 눈 위에 선명한 발자국 속에
도란도란 속삭이던 미지의 약속들

숨막힐 정도로 답답했던 겨울밤을
주렁주렁 매달아 놓은 사랑의 파노라마

차마 목소리로는 고백하지 못하고
온몸의 땀방울로 대신 토해냈다

손바닥에 느껴오던 미지의 약속들
비단길 촉감되어 온몸에 퍼져 간다

뜨거운 숨결 속에
차디찬 과거는 녹아버리고
아름답게 남은 건 우리의 오늘

사탕 1

너는 나에게 언제나 달콤한 사탕
그러나 나는 욕심 많은 심술보
주기보다 받길 원하네

그대는 겸손과 헌신의 달콤한 사탕
순종과 사랑으로 빚어진 사탕

입술에 닿기만 하여도
녹아 내리는
너무나 달콤한 사탕
밤새도록 입안에 품고 있어도
싫증나지 않는 향내

사탕 2

뜨거운 가슴으로 녹아 내리고
헌신적인 사랑으로 흘러내리네

너는 나에게 언제나 달콤한 사탕
그러나 나는 욕심많은 심술보

입안에 터지도록 담아 놓고
두 손 가득 움켜쥐고서도
더 달라고 떼쓰는 막무가내 고집쟁이

그래도 그대는 변치 않고 주기만 하는
참 달콤한 사탕

교감 3

서러움 감추고 슬픔 삼키며
얼마나 마음조이며 기다렸던가?

입술 깨물고 흐르는 눈물 닦으며
정말 이겨내느라 얼마나 힘들었던가?

지나고 나면 별 것 아니지만
씻어내고 닦아내도
잊을 수 없는 과거를 훌훌 털어 낸다

힘겨웠던 길이지만 그대 함께 있어
이겨낼 수 있었고
세상 끝나는 날까지 그대와 함께
더욱 깊은 사랑을 나누며 살아가리다

서러움 1

어떻게 벌써 왔어요
밤새도록 목놓아 울어 봅니다

미치도록 보고파요
가득 채워 있던 사랑 다 어디 가고
텅 빈 공간뿐입니다

여기오라 해놓고
목마름으로 기대 앉아
아직도 부족한 사랑 애타게 찾아본다

힘내라 용기 심어주고
퍼내도 퍼내도 넘치는 사랑
포기할 수 없는 사랑으로 다시 태어나리다

사랑하는 당신이여 2

당신과 더불어 너무나 행복하였던 나날들
참으로 기쁨과 소망이 넘쳤고
정신없이 바쁘게 살았습니다

돌이켜 보면 아찔했던 순간도 있었고
당신에게 소홀한 적도 있었지만
내일의 희망과 행복을 위하여 슬기롭게
이겨냈습니다

앞으로도 조심스럽게 건너야할
산과 강이 많을 테지만
이제는 혼자가 아니기에
지혜롭게 극복할 수 있습니다

남은 별똥

넓고 넓은 밤하늘에
무수히 많은 별 가운데
우리의 소망 이루어 줄 별들

한 움큼 따다가
바구니에 담아놓고
남은 별 호주머니에 챙겨
가득 가득 담아놓겠습니다

큰 별 작은 별
예쁜 별 못생긴 별
모두 모두 따다가
당신 앞에 뿌려 놓고
당신과 함께 가겠습니다

은행나무 1

가을에 만난 여인
쓸쓸함으로 고요 속에 태풍을 몰고 온다
오랜 만남처럼 천년사랑 불태우고
먼 훗날 아픔의 눈물 흘릴지라도
가을을 위하여 모든 열정 불태운다

가을에 만난 여인
한없는 기쁨과 만족을 위하여
귀한 만남의 인연을 위해
내 몸이 산산조각 날지라도
풍성한 열매를 거두련다

가을에 만난 여인
영원히 내 가슴에 묻어놓기 위해서
태풍 속에 고요함 잠재우고
진정 그대만을 위하여
사랑의 불꽃을 태운다

휴스턴 앞 바다 3

깊디깊은 물 속을 들여다보면
산다는 것이 뭔지
생각할수록 복잡해지네

맑디맑은 물 속을 들여다보면
어디가 시작이고 어디가 끝인지 모르지만
분명 종점은 있지

넓고 넓은 바다 향해 소리쳐 보면
애간장 녹이며 멀어져 가는 현실
안타까움만 쌓여가네

높고 높은 파도 속에 빠져들면
얻어맞기도 하고 때려보기도 하지만
시퍼런 멍울 속에 한숨만 늘어가네

사탕 2

바람소리마저 잠든 고요한 세상
그대 달콤한 향기는
하루가 지난 지금도
내 몸에 가득 흘러내리네

새근거리던 그대 숨소리 자장가 삼아
다시 잠자리에 들어
어제의 추억 더듬거리네

온몸에 싸인 향기
날아가지 않도록
꼭꼭 잡아 두네

언제나 변함 없는
해맑은 웃음소리
아무것도 보이지 않는
깊은 어둠 속에 귓가에 맴도네

사탕 3

뭐가 뭔지 몰라요
나는 당신에게 언제나 달콤한 사탕

아무리 욕심많은 당신이라 해도
겸손과 헌신으로 순종하며
당신 위해 사는 순결한 모습
세상에서 가장 달콤한 향기가
되어 드리겠습니다

뭐가 뭔지 전혀 몰라요
나는 당신께 꿈결로 다선 부드러움들

입술에 살짝 대기만 하여도
코끝에 살며시 스치기만 해도
너무나 향긋하여 얼어붙게 하고
밤새도록 취해도
싫지 않은 달콤한 향기가
되어 드리겠습니다

반복 1

틀에 박힌 일상에 묻혀 지내다가
차가운 겨울이 오면 너무 쓸쓸하여
살 속까지 파고드는 외로움에
기나긴 밤 지새워야 했습니다

나이가 들면 들수록
마음속에 살아나는 한기는
몰아치는 추위보다 더하였습니다

지난 겨울 엄청난 회오리바람 속에
홀연히 나타난 그림자
당신을 붙잡고
뜨거운 가슴으로 추위를 녹였습니다

어루만지는 달빛

아직도 부족하고
부끄러운 인생인데
온 몸을 포근하게 감싸주는 햇살이 되어
내 곁에 머물러 있는 당신

지금도 보잘 것 없는
부끄러운 인생인데
정성어린 손끝으로
어루만져 주는 달빛이 되어
내 옆에 지키고 있는 당신

친구야 사랑한다
이제 당신 없이는 살 수 없어
내 젊음을 모두 당신께 바치겠습니다

사랑하는 당신이시여 1

어서 가서 흔들어 줘요
불타오르는 소망 속에
당신은 내 품안에 잠들었습니다

어서 와서 보듬아 줘요
아무도 돌아보지 않던 초라했던 내 모습이
당신의 미소로 바뀌어 향기 가득 담은
용광로가 되었습니다

시도때도 없이
진정 원하는 만남이었기에
뜨거운 정열은 식을 줄 몰라
이제 당신 없이는
하루도 살 수 없습니다

비싼 보배

눈만 뜨면 보고 싶어
무의미했던 삶이
당신으로 인해
빛을 받았습니다

금과 은으로 치장하지 않아도
이 세상에서
가장 값비싼 보배이기에
소중하게 간직하겠습니다

눈만 감아도
식을 줄 모르는 연정에
온 뜻과 정성을 다하여
새롭게 만나는 마음으로
하루하루 아름답게 가꾸어 가겠습니다

돌아서는 마음 2

바라보지 않을게요
내 마음 흔들릴까봐
차마 쳐다보지 못하고
아쉬운 마음 뒤로 한 채
다시 한번 다짐합니다

거짓 속에 진실 있어도
잃어버린 정들 다시 나눌 수 없어요
가슴 쥐어짜며 울고 싶은 마음
그러나 눈물은 보이지 않겠습니다

한때는 너무나 사랑하였기에
이별 때문에 비참해지지 않겠습니다
처음 만난 그 시절로 다시 가고 싶어
멀어져가는 사랑을 애타게 바라봅니다

맞춤옷 1

이제 막 잠든 석양빛
가물 가물 거릴때에
아무 생각없어 멍하니
님 떠나간 하늘 바라봅니다

한 올 한 올 수 놓아
비단 이불 깔아 주고
정성어린 손길은 멋진 하모니로
죽어가던 감동 일으켜주었습니다

한 코 한 코 뜨개질하듯
온 몸에 땀방울 범벅되어
세상 제일 어여쁜 사랑옷 입혀놓고는
머얼리 떠나가버리고 말았습니다

맞춤옷 2

늦은 저녁 시간
훌륭치는 못해도
그래도 마음만은 앞서
우리만을 위한 잔치 벌리려는
분주한 일손 멈추고 마주 봅니다

당신만을 위한 맞춤옷
내 손수 단 하나의 빛깔 되어
감동의 불꽃으로 곱게 차려입고
숨 넘어 가는 뜨락으로 달려 나갔습니다

세상의 단 하나의 디자인 되어
사랑하는 내님을 위해 정성을 모았고
내 마음 모두 송두리째 드리면서
한 점으로 한 점으로 모아 갔습니다

맞춤옷 3

신음 소리 죽여 가며
내가 만든 노랑 빨강 색동옷
얼마나 빛날까?
얼마나 멋드려질까?
그 생각에 저절로 기쁨이 되어라

세상 누군가를 위하여
내가 할 수 있다는 것이
솟아나는 기쁨이었고
끊임없는 사랑이 되었습니다

함께 있어 행복하고
함께 느껴 즐거워하며
우리만을 위한 맞춤옷은
완성되어 갑니다

멋진 마음 1

멋드러지게 차려입은
가을하늘 쳐다 봅니다

기쁨을 함께 하면
두배의 기쁨이 되고
행복을 함께 느끼면
열배의 행복이 되어
영혼까지도 하나가 됩니다

이제 하나가 되었기에
슬픔을 함께하면
그 슬픔은 반감이 되고
아픈 상처를 함께하면
쓰라린 상처는 잊혀 집니다

높디 높은 하늘은 내 품안 되어
진실한 사랑은 영글어 갑니다

멋쟁이 1

어느날 갑자기
그날은 아주 멋진 날이었어요
노랑단풍으로 찬란한 햇살 가득하여
눈 뜨기도 힘들었지요
여지없이 찾아오는 가을이었지만
이번에는 조금 빨라
잠든 나를 깨워주었습니다

선 머슴아로 다가와
온통 회오리바람 일으키며
쌓였던 두꺼운 감정 한방에 날렸지요

무수히 많은 사연들 휘날리며
넓은 가을 하늘 가득 채워놓았어요
이제 바램 있다면 더 추워지기 전에
모든 준비 마치고 기다려 볼렵니다

멋쟁이 2

그 무엇이라도
다 드리고 싶은 멋쟁이
너무 강해서 그 만큼 쉬도록
최선을 다하고 싶은 멋쟁이
아! 아! 그 무엇이길래
아직도 가라앉지 않는 숨소리인가요
참 행복해요 너무 행복해서요

이 세상 무엇이라도
전부다 바치고 싶은 멋쟁이
여린 가슴 안아주고
빈 가슴 가득 채워주며
허전한 가슴 메꾸어 주신 멋쟁이
오, 오, 자꾸만 터질 것 같아
지금도 멈추지 않는 커다란 외침
참 사랑해요 진실로 사랑합니다

멋쟁이 3

누군가 다가오며
사랑을 던져 주었어요
이미 많이 닮아있어
그만 문이 활짝 열렸어요
아직은 준비가 덜 되었다며

불타는 사랑 갈증하며
진실한 사랑 애태웠어요
끊임없이 바래왔던 그 사랑
비로소 찾아와 꼭 잡았어요
아직은 준비가 덜 되었다며

둘이 한 몸이 되고
서로 다른 세계가 한 마음 되어
진정으로 다시 태어나게 되었습니다

멋진 마음 2

당신 사랑 씨 뿌려요
내 마음과 똑같이 하나 되어
정성껏 어쩜 그리도 예쁜지요

당신 사랑 꽃 가꾸어 가요
너무나도 행복하여 닮아가며
싱싱하게 피어올라 무지하게 좋아요

포근하게 감싸 안아주시고
소중한 보석으로 아껴 주시며
당신의 몸으로 저 하늘 끝까지
찬란한 아름다움으로
예쁜 꽃을 띄울 것입니다

멋진 마음 3

이 세상 그 무엇보다
높게 더 높게 구경시켜 주신당신
아, 오늘 또 왜 이리 행복했을까
생각해보고 그려보며 또 느껴봅니다

전 무지하게 좋아요
진심으로 사랑한 멋진 마음
나의 진정한 당신이 되어
너무나 큰 것을 얻게 되었습니다

이토록 서로를 위해
모든 것 다 줄 수 있고
무엇으로도 살 수 없는
값진 사랑으로 다시 태어났습니다

이웃에 1

너무나 소중하고
너무나도 아름다운 고운님
힘이 들어도 우리 가야할 길 있기에

우리는 그만큼의 길을 걸어야 하기에
어제도 걷고 오늘도 걷고 있지요
내 곁에 계시고
날 사랑하시어 예쁜 고운님

가기 싫어도 우리 함께 가야 되기에
우리는 지나간 시절 되돌릴 수 없기에
오늘도 걷고 내일도 걸어야지요

걷다보면 때로는 외롭고 쓸쓸하며
고난과 함께 고통스러울지라도
반드시 끝이 있을 것이기에 걸어 가야지요
가다보면 언젠가는 선택한 길 따라
행복의 노을 빛날 것입니다

이웃에 2

이대로 전달되어
그대로 느껴지면서
밤바다 같이 가 주실 별님 만났지요

잠시도 떨어질 수 없는
가을비 내린 오후 어느 날
온통 내안에 가득차 계시기에
이제 두려울 것 없어 당당해집니다

하루 하루가 기쁜 날
날로 날로 설레이는 날 되어
별님으로 달님으로 햇님이 되었어요
우리 둘만의 세상을 만들기 위하여

머슴아 1

낙엽 꺾어지며 뚝뚝
쓸쓸함으로 휘젖고 있을 때
어떤 세상이 열리고 있었지요
가로막은 선 머슴이 꽉 잡았습니다

천지진동하며 요란 떨어도
천천히 아주 천천히 기다림에
세로운 세계가 펼쳐지고 있었지요
다리 벌린 선 머슴아가 확 안았습니다

희망이 마구 마구 솟구치며
햇님도 달님도 축복해주고 웃어 주었습니다

3부 흐르는 세월

흐르는 세월
날짜이 지나자서만
수없이 피어도는 하나앞에

이세상 모두를
나에게 소중했으로 다가우니나
웃어 오르는 사랑 가득안고
기우러지는 세월을 더어
아쉬움으로 피오르게 담나니다

즐거 뉘에~ 감사한에
피으슨 최어나 장미되어
희미하으로 낯식에 너도워 피오르나
언세나 변낚없는 사랑의 향기로

새날 멋진 날

멋진 날 아침
오늘도 눈을 뜨고
당신 사랑 확인해요

밤새워 돌아 오는 길
작은 울타리 안에
당신 사랑 알리는 색으로 둘러
하얗게 단장한 푸르름 속에

든든한 당신 있어
무한 감사 드리고
또다시 고개숙여 감사합니다

흐르는 세월

흐르는 세월
말없이 지나갔지만
수없이 떠오르는 허탈함에

이세상 모두를
나에게 소중함으로 다가옵니다
솟아 오르는 욕망 가득안고
기우러지는 깨달음되어
귀중함으로 떠오르게 합니다

흘러 넘치는 감사함에
마음속 피어난 장미되어
화려함으로 당신께 넉넉함 되오리다
언제나 변함없는 사랑의 향기로

새로운 각오

산속에 저녁 노을은
눈물을 감추게 하고
금새 다가올 어둠에
고독을 씹어봅니다

혼란스러운 하루를
꼭꼭 잠들게 하기 위하여
차가운 밤공기마다 안하고
내 마음에 챙겨 둡니다

섭섭했지만
하나둘씩 지워가면서
쓰다듬고 보듬아 주며
희망찬 아침 햇살을
그리워하며 잠이 듭니다

우재 1

소용돌이치는 우주 속에
솟아나는 한 점으로 만났죠
웃으면서 울면서 돌아서면서

오래전부터 기다려온
우연이라 부딪치며 지냈죠
익혀가면서 읽으면서 깨달으면서

처음엔 그저 순간으로
시간이 지날수록 정들었죠
친구처럼 연인처럼 부부처럼

하나는 외로워 둘이 되고
더 많이 가까워져 뜨거웠죠
이래야만 그래야만 되는 것처럼

멋진 날

새 날이 밝았어요
차오르는 밝은 태양
지울 수 없는 황홀한 빛!
아름다운 우리 사랑

아무리 생각해봐도
너무 아름다운 우리 사랑
아무리 따져 봐도
결코 손델 수 없는 고귀함
그 누구도 끊지 못함 알았어요

이 아침
새날의 벅찬 감동 안고
죽도록 휘날리는 찬란한 빛
꺼지지않는 영원함으로 그리워해 봐요

우재 2

모두가 하나가 되어
노랑색으로 물감드리고
모두가 하나가 되어
빨강색으로 불타오릅니다

비가 그친 수정산 자락에
우연히 만남은 잔치가 되었고
날마다 나들이 가며 참 즐거웠어요

늦은 가을날 추울테지만
함께 웃어주며 친구가 되었고
함께 기뻐하며 연인이 되었고
정말 멋지게 한 턱 잘 쏘셨어요

노랑 빨강 단풍으로
많이 사랑하라고 많이 행복하라고
박수를 쳐주고 있습니다

당신

요새 무척이나
당신의 사랑을 느껴요
그 사랑 느낄 때마다
사실은 어떻게 당신을 더
사랑해 드려야 할지 모르겠어요

나에겐 그저 당신
솟아나는 기쁨을 느껴요
그 기쁨이 넘칠때 마다
더 크게 느끼며 당신을 편하게
해 드리고 싶은 제 마음이에요

당신만 믿고 사랑하는것
바라볼 수 있을 때 감사하고
옆에 있을때 더 크게 느끼며
그리워 할때 행복해 집니다
오늘도 내마음 진정시키면서

제일 예쁜 당신

모두가 풀려 갈테지만
창살 가지 비비면서
떨려오는 한 줄기 소리
자세히 들어 보아도
도무지 알 수 없어요

금방 알 것 같았는데
너무나 희미하게 사라지고
또 다시 떨림이 다가와
초조한 마음 더해 가요

지금껏 기대한 것은
밖에 당신 기다리고 있어

눈에 아른거리며
내 마음 통째 차지한
세상 제일 예쁜 당신

하룻밤 1

촛불 사이 사랑 노래 불러
내 마음 여인 너무 아름다워라
창밖에 별빛도 고개 숙입니다

스쳐 지나가는 이슬방울 방울
내 마음 여인 보석같이 빛나요
사모함은 갈수록 넘쳐납니다

잊을 수 없어 떠오르고
솟아오른 햇살로 숨겨 놔요
신실한 약속으로 영원합니다

당신사랑 가득 퍼져갈 때
굳센 믿음으로 높여 드립니다
이보다 더 큰 기쁨은 없습니다

하룻밤 2

온종일 함께 하며
활짝 피워온 노랑 국화
송이 송이마다 사랑 칠하고
땀범벅으로 진한 향기 품어내
여왕벌 신나게 춤을 추네요

꿈속의 간절함으로
두 손 잡은 채 헤어지기 아쉬워
또다시 피워보고 품어내지만
마음껏 뿌리지 못한 아쉬움 남아
가슴속 모아온 꿈으로 만나렵니다

오로지 하나만을 위해
정성 가득 담아 활짝 웃어봅니다

시월 어느 날

눈 뜨기 힘든 가을하늘
파랑색 휘날리며 사랑노래 불렀죠
혼자보기 아쉬워 큰소리 외쳐대며
나를 깨우는 당신을 찾았습니다
바람 한 점 없는 고요함
무참히 깨뜨리고 부셔가며

오늘은 무엇을 하실까?
언제쯤 오실까?
기다림 힘들었어요
짧은 시간 흘렀지만
금새 친구 되어 그리움 쌓여가요

시월의 어느 멋진날에

아무것도 가진 게 없는 나

부족하고 모자람만 있던 나
내세울 것 하나 없어 언제나 바보같이
안개에 취해 버려 가라앉아 버렸습니다
이러한 나를 받아주어 별님이 되었지요

아픔과 상처로 얼룩져 있던 나
보일 듯 말듯 뼈속 깊이 두려움에 떨며
고독에 잠겨 버려 흔적을 찾을 수 없었습니다
이러한 나를 안아 주어 달님이 되었지요

웃음 잃어 버려 목석같은 나
끈적거리며 삭아 버린 이름조차 희미해
캄캄한 터널에서 발버둥치고 있었습니다
이러한 나를 꺼내 주어 햇님이 되었지요

오랜 세월 반 토막난 나

사랑받고 싶어 나누어 주고
행복해지고 싶어 베풀어 주었지만
돌아오는 것은 무서움이었습니다
이러한 나를 밝은 빛이 되도록
당신은 밤새도록 사랑을 주었지요

가슴에 느끼고 싶어 사랑주고
예쁘게 살고 싶어 온 마음을 다했지만
삶은 내 몫이 아닌 타인이었습니다
이러한 나를 뜨거운 불이 되도록
날마다 정성을 다해 사랑을 주었지요

감당하기에 너무 힘든 현실
그래도 존재이고 싶어 발버둥거렸지만
앙금으로 남아 헤어 날수 없었습니다
이러한 나를 새로운 탄생이 되도록
당신은 언제나 변함없는 사랑을 주었지요

어쩌란 말인가?

부풀어 온 이 계절에
예쁘게 떨어지는 노랑풍선
당신의 정성어린 손길위에
내 마음이 엄청나게 뿌듯해요

살찌어온 이 가을에
붉게 떨어지는 고운 향기
당신의 불타는 사랑위에
내 마음 무지하게 아려와요

설레임으로 맞은 이때
활활 타오름으로 솟아난
우리들의 변함없는 사랑
그래서 더 마음이 저려오네요

이날에

소복소복 쌓여가는
낙엽 부스럭거림도 없이 지나온
지난날의 철딱서니 없는 다짐들
이제는 땅속 깊이 묻어놓고
새로운 만남에 희망이어라

바람, 마다않고 쌓여가는 낙엽
오랜 기다림도 없이 지나친
지난날의 철부지같은 결심들
이제는 탈탈 모두 털어내고
새로운 출발에 소망이어라

이 가을 이날에
추운 겨울 차비하며
두손 굳게 잡고 달려갑니다

단 한 사람

아무리 무거워도
우리 함께 가야 할 길 기다리기에
오늘도 땀방울 흘리고 있습니다

아무리 버거워도
우리 함께 나누어야 될 사랑있기에
어제도 숨가쁘게 달려 왔습니다

아무리 힘이 들어도
우리가 감당해야 될 고난이기에
지금도 두손 잡고 떠나갑니다
어제도 걷고 오늘도 걸으며
내일도 걸어가야만 합니다
우리들이 선택한 길을 걸어야 하기에

많이 많이 더 많이

보고 싶은 마음
외로움 쌓여 잠 못 이루고
새벽녘 그리움으로 더해 가지만
왜 이리 시간이 더디 가는지요

꽁꽁 얼었던 가슴
뜨거운 열정으로 녹아 내려
동틀녘 사무침으로 견디기 어려워
아직도 오시는 기별 없으신가요

고독감 넘쳐 참기 힘들지만
수많은 사연 속 쌓여진 연분
주고받은 사랑 오고가는 기쁨을
돌이키며 님 오시는 소리 마중 나갑니다

기다림의 연속

꿈속에 그려본 아름다운 모습
어찌할 줄 몰라 꼬옥 안아보며
기다림속에 우리 사랑 설계해 봅니다

따뜻함 느껴보며 가슴은 열어졌고
몸 둘바 몰라 그 모습 그려 보며
여유롭게 우리 사랑 설계해 봅니다

함께 있어 모든 걱정 사라졌고
너무나 감격스러워 땀 닦아내며

한가롭게 우리 사랑 더듬어 봅니다

아직도 머물러 있어요

아직도 불러보지 못한
당신을 위한 사랑노래
내겐 너무 많이 남아 있습니다

아름다움에 묻히어
남몰래 꺼내 볼 수 없고
순수함에 반하여 지켜 왔습니다

아직도 끝나지 않은
당신을 위한 사랑 여행
너무 많이 남아 있습니다

산소 같은 기분

높다란 파도는
당신 사랑에 감춰지고
정열적인 성취감에 꼼짝 못해요

느끼고 만지며
서로를 인정하였고
불타오르는 열정에 잊혀 버렸어요

저 하늘 빛나는 별 되어
함께 호흡하고 동행하여
최고의 행복을 가꾸어 가고자 합니다

새치기

모두가 차례대로
질서있게 돌아가는데
급한 마음에 새치기 합니다

가슴 아파도 울지말고
눈물 흐르지 않으려 애썼는데
조금만 더 빨리 오실 수 없나요

혼란스러움 잠재우고
흔들렸던 마음 정리 되가는데
애타는 모습 불쌍하지 않으신가요

이제 다시 눈물 없어
함께 하면 흐뭇하고
곁에 있어 벅찬 기쁨
조금 더 빨리 오실 수 없나요

누구인가?

푸른 하늘 올려다보며
넓은 하늘 아래 누구인가?
눈부셔 알아보지 못해
만지면서 느껴봅니다

세월 흘러 오 십 넘어가도
아직도 못다 나눈 사랑
너무 너무 많이 남아 있어요

가도 가도 끝이 없는 하늘
높은 하늘 아래 누구인가?
캄캄해서 알아보지 못해
안아보면서 느껴봅니다

나이 먹어 중년되어도
아직도 뜨거운 사랑 있어
너무 너무 많이 주고 싶어요

멈춰버린 시간

당신, 옆에 있을 때
있는 그대로 사랑하고

당신! 바라 볼 수 있을 때
보이는 모습 그대로 감사하고

당신, 그리워할 때
그리운 모습 그대로 행복해집니다

오늘도 가뿐 숨
진정시키느라 정신없지만
나의 운명이고 전부가 되어 갑니다

이제부터는

지금을 놓칠 수 없어
오늘을 버릴 수 없어
내일없이 살아갈 수 없어
수 천번 수 만번 다짐해놓아
지울래야 지울 수 없습니다

수없이 밀려들던 불안감도
수십만 번 다짐 앞에는
아무것도 아닌듯 뒤돌아갑니다

어제가 지나면
순간순간들 가슴에 꽂혀
남아있는 아픔도 잊혀 가리라
초심으로 돌아가게 만듭니다

흰 여백

새하얀 종이가
빨강 파랑 예쁘게 옷 갈아입고
기쁨 가득 담아 당신께 날아갑니다

어젯밤 헤매이며
꿈속 영롱한 물감 들이고
한참 망설임 차곡 차곡 담아
이제야 당신께 찾아듭니다

날이면 날마다
꼭 다문 입술 떨어질 줄 몰라
바보처럼 울기만 하였고
도저히 알아듣지 못함의
허무함에 어두운 골짜기 떨어져 갔어요

덧없지만 손길 정성 포근함까지
모두모아 꼬깃꼬깃 봉투담아 보내요

4부 심장소리

내 심장소리 들리나요
너무나 행복한 소리
내 열정 보이나요, 뛰는가요
너무나 좋아하는 감정

하나도 아깝지 않아요
당신은 너무나 소중합니다

당신을 진심 생각하지 않아는
우주의 행성 놀라 오네요
아무리 심해도 비교할 수 없어요
너나니 좋아하기 때문입니다
아무리 생각해도 당신만이 내일행하고
아무리 지나쳐봐도 당신만이 내인생진다

느낌만으로

항상 느낌만으로
만족주지 못해 안타까웠고
크나큰 부담으로
다시 사랑할 수 없을까 두렵습니다

훌훌 털어버린 지금
잊을 것은 모두 잊었기에
새로운 마음으로 다시 일어나
당신 행복하게 해 주었으면 합니다

아무도 모르던 상처들
이제는 내일의 희망으로
오늘은 당신만 사랑하고 싶어집니다

뒤돌아 다시 생각해봐도
두꺼운 체면 벗어버린 순순함으로
밝은 사랑만 나누고 싶어집니다

나에게는

부족함은 그대로
내 열정 채워주며
다시 흐를 눈물은 이제 없어
뜨거운 정열속에 아쉬움은 없어요

아픔은 모두 모두
불타는 사랑으로 태워버리고
당신 이젠 행복하게 해 주었으면 합니다

흡족함은 못되어도
내 사랑으로 이겨내며
다시는 망설임 절대 없어
식지않는 열정으로 아쉬움은 없어요

모닥불 1

가슴 아픔은 모두 불태워
하나도 남김없이 몽땅 태워 보내요
지금은 온전히 하나만 남기고
뜨거운 정열로 날려 보내요

타고 남은 흔적 하나도 남기지 말고
당신 지나온 길 모두 태워 보내요
이제는 완전한 하나만을 위하여
뜨거운 열정으로 날려 보내요

꽁꽁 얼어붙은 마음 열리고
움추려든 가슴 새싹 돋아날 때
다시 만난다는 지겨움이 있더라도
지금은 우리들만의 사랑속에 날려 보내요

모닥불 2

이제 당신 사랑은
너무나 벅찬 환희되어
견딜 수 없는 그리움으로
이 밤 이대로 견딜 수 없어요

땀방울 얼룩으로 불 피우고
아직 가쁜 숨소리 불쏘시개 삼아
지금 남김없이 모두 태워 보내렵니다

아직 못 피운 내 사랑
너무 너무 많아 남아 있어
기나긴 밤 참기 어려워요

심장소리 1

내 심장소리 들리는가요
너무나 행복한 소리
내 열정 뜨거움 느끼는가요
너무나 좋아하는 감정

하나도 버릴게 없어요
당신은 모두 다 소중합니다

당신을 잠시 생각만 하여도
온몸이 훨훨 불타 올라요
아무리 섭섭해도 미워할 수 없어요
너무너무 좋아하기 때문입니다
아무리 생각해도 당신없이 내인생없고
아무리 따져봐도 당신만이 내인생전부

심장소리 2

내 심장 지금 멈추어도
사랑하는 당신 옆에 내가있고
내 열정이 전부 식는다 해도
사랑하는 당신 곁에 내가있어
마지막 단 한번만이라도
사랑할 수 있다면 당신만 사랑하겠어요
마지막 한번만이라도
좋아할수 있다면 당신만 좋아하겠어요

어둔소리 1

잠시 불 끄고
아무 말도 하지 말아요
뒤돌아보시면 더 더욱 안됩니다
내 사랑 몽땅 당신께 드리려 합니다

이제 눈을 감고
아무것도 보지 말아요
걱정하시면 아무것도 할 수 없어요
내 열정 전부 다 당신께 드리고자 합니다

마음아파도 절대 피하지 마세요
지금 참아 이겨내려면 감수해야죠
내 능력 모두 다 당신께 드리고자 합니다

어둔소리 2

절정에 숨 막혀 와도
절대 떨어지지 말아요
현재는 넘어가야할 길
절대로 피할 수 없어요

내 정열 하나 남김없이
당신께 드리고자 합니다

아쉬움에 섭섭하여도
이대로 끝내지 말아요
지금은 머물러야 하기에
그냥 이대로 있어 주세요

내 사랑 모두 모아서
당신께만 드리고자 합니다

보고싶어요 1

당신 만날 지금은
한밤중 꿈속에서요
우리사랑 지금은 너무 달콤해
처음 만남 순수함으로 머물러요

생각할 수 없는 아픔
떠오르기 싫은 과거들
털어버리고 잊어버려요

아무리 다른 생각많아도
우리 갈길 너무 험난해도
아예 지금 마음 변하기 전
훌훌 모두 털어버려요

당신 보고파 가슴시리고
만나고 싶어 마음 쓰라려요
서로 위로해 주는 지금은 꿈속에서요

보고싶어요 2

뜨거웠던 순간들
벌써 과거 이야기인가요
지금 이 순간 너무나도 힘들어
당신위로가 절대적으로 필요합니다

뜨거운 열정들 모두 어디에
지금 남은 것 차가운 고독뿐
아무리 바둥거려도 보고픔에
당신사랑이 절대적으로 필요합니다

더디 가는 시간
애간장 태우며 안절부절
벌써 우리는 하나가 되었나 봅니다

철부지 1

시적인 영감은
거져 떠오름 아니고
노래 부르며 기뻐함은
진정 내 기분 아닙니다

머나먼 길 외로웠고
힘들었던 과거 괴로웠지만
단숨에 달려왔고 하고 싶은말 너무많아
이 밤이 다가도록 사랑노래 불러드립니다

모질게도 질긴 시련들
너무 길어 혹독했지만
지금은 너무나 아름다움에
황홀해서 아무말 못하고
밤새도록 뜨거움에 잠 못 이루고 말았습니다

철부지 2

어제 그 시간들
가까이 다가오고 있어
설레임속에 마음 진정 못하고
당신 온다는 소리만 기다립니다

내일이면 오신다 하였지만
오늘밤 지새기 무서워서
일찌감치 마중 나갈 채비합니다

뜨거운 사랑은 결코 얼지 않아
아무리 추운 겨울 닥쳐올지라도
아무 염려 없어 꼭 오실 당신이기에
지금 마중 나가려 준비합니다

요란함으로 1

어둠의 긴 터널 지나
광명이 솟아나는 그곳
우리 사랑 피어났지요

망망대해를 등지고
어둠위에 한 자락 보인곳
정성으로 가꾸어갔지요

실핏줄 햇살이 비치더니
찬란함에 불붙어 하루가 지났습니다

뜨거운 열정으로 눈부심에 눈감고
붉은 빛에 도저히 마주할 수 없어
이제 그만 슬그머니 고개 돌렸어요

요란함으로 2

아직도 열기 가득 담아
내쉬지 못해 헉헉거리고
온몸에 부딪히는 물소리
큰 파도 이루며 엉글어갑니다

물 가르는 소리 없었다면
큰 싸움판 끝날 줄 몰라
이불자락 감싸들고 눈 감았어요

숨소리 죽어지며
땀 내음 둔해지고
머리카락 춤사위 그쳐 갈 때
내리치는 무게 행복으로 받았습니다

숱한 시간 지나
온 세상 내 것이 되었고
쏟아지는 졸음으로 서사시, 막을 내립니다

출렁거리며 1

내 마음 하늘 따라
빌어주는 간절한 소원
꿈을 버리지 마라 아직도 시간 많다

젊은 패기 가득 넘쳐 두려움 없고
따뜻한 사랑 너무 많아 걱정없어요

기다림으로 내일을 위하여
출렁거림도 잠시 쉬어가고
곤해진 시간도 잠이 들면서
땀 흘리는 연가는 계속 됩니다

그토록 희망속에 세월 붙잡고
눈물속에 얼마나 애태웠던가?
보고 싶은 당신이 왜이리 안타깝고
내 마음 송두리째 젖어드는가요?

출렁거리며 2

오늘 가로막고 나가지 못함은
원망할 수 없어 내일을 기다립니다

흩어지는 구름도 내 마음 헤아려
한데 모아 눈물 가득 뿌려주고
쓰라린 가슴 씻어줍니다

이제 나의 간절한 소망은
당신의 기쁨 지켜가는 것뿐
지금 나의 간절한 바램은
당신의 사랑 함께 나누는 것뿐

책임진다하여 책임지고
내 마음 항상 당신 향한 열정으로
가진 것 이제 모두 포기했습니다

출렁거리며 3

미소 짓는 입술 포개어 사랑 전했고
마주친 눈빛으로 그 사랑 확인했습니다

헤어진 지 얼마나 시간이 흘렀다고
이토록 가슴 아프게 보고 싶어지나요

다시 한번 마주친다면 책임못져
이밤이 다가도록 생각하고 있습니다

언젠가 뒤돌아 볼 때에 그때가
위기였지만 무척 행복했었노라고

이대로 이대로 기다리고 있습니다
당신께 전하고 싶은 사랑 너무 많아

어루만져 주고 싶어요 1

살짝 웃어주는 미소가
너무 너무 이쁜 사람아
장단에 맞춰 손을 흔들땐
가물 가물 완전히 예술이어라
보고 싶다 다시 보고 싶어요

슬쩍 다가와 싱긋 웃어주는
너무 너무 귀여운 사람아
음악에 맞춰 고개 흔들 때는
흐늘 흐늘 완전히 환상이어라
안고 싶다 다시 안아주고 싶어요

슬며시 나타나 말없는 웃음이
너무 너무 사랑스러운 사람아
소리 질러 박자 맞출 때는
팔짝 팔짝 완전히 딴 세상이어라
추고 싶다 다시 춤추고 싶어요

어루만져 주고 싶어요 2

감정이 너무 풍부해 떠날 수 없는 당신
언제나 나와 함께 있자 맹세하였는데
사랑에 울어 줄 수 없어 모두다 필요 없고
다시 돌아오라 애타게 당신 불러 봐요

살짝 꼬집어주는 애교가 너무 좋은 사람
장단에 맞춰 손을 흔들때는 완전한 작품
너무 정들어 잊을 수 없음에 찾아보지만
지금은 어디에서 당신 무엇 하시나요

애정이 너무 많아 떠날 수 없는 당신
어디를 가든지 함께하자 다짐하였는데
사랑에 슬퍼할 수 없어 눈물 필요 없고
빨리 가고 싶어 애타게 당신 찾아봐요

어디까지나

너를 만난지 얼마나 됐다고
나를 떠난지 얼마나 됐다고
밤마다 불어대는 차가운 바람을
내 마음 설렁대며 외로움에 흐느껴요

아픔 피하려 내게 달려와
마음껏 울분 토해내자
더 이상 망설임 없이 하나가 돼요
외로워서 더 이상 혼자이기 싫답니다

 서로 만나 헤어진지가
지금 얼마나 시간이 흘렀다고
이토록 가슴 아파 몸부림치나요
매일 매일 보내드리는 편지속에
내사랑 가득 모았지만 얼마나 전달될런지요

아름다움

아름다운 당신 모습
내안에 모두 담을 수 없이
아무리 생각해 봐도 지금은
어쩔 수 없이 그냥 버렸어요

지나가면 생각나겠지만
제일 먼저 당신 따르렵니다
부질없는 마음 앞서 가도
모진 인생길 눈물로 갚을 수 없어
기쁨으로 섬기며 아끼고자 합니다

이심 전심 하나 되어 만나고자
돌아오는 발 길 돌아보지만
어찌된 영문인지 찾을 수가 없습니다
죽자살자 함께 달려온 발자취
영영 사라져 기억할 수가 없습니다

다시 만날 기쁨

다시 만날 기쁨에 눈물 흘리지 못하고
내 마음 보여줄 수 없어 하나됨을 만족하고
늘 아쉬움 넘쳐나 내일을 기약합니다

어려웠던 다른 생각들은 이제 접어 두고
어떻게 변하든 놓을 수 없어 당신은 내여자
아무리 세월 지나도 변하지 못합니다

순간순간 아까워서 고이고이 담아 두고
분한 생각 떠올라 와도 당신은 내 여자
아무리 바람 불어도 그대로 입니다

급한 마음 앞서 가고 둔한 몸 해매여도
지나간 시간 아까워 당신은 내 여자
어디로 떠난다 해도 포기할 수 없습니다

당신은 내여자

흔들림 없애려 내 날개 접고
더욱 가볍게 우아한 생각으로
정성 모두 모아 당신 품에 드립니다

지나친 염려 사라지고 호흡은 멈춰
맑은 물 한 바가지 얻어다 뿌려 놓고
경쾌한 목소리 따라 걸어 가렵니다

다른 생각들 이제 접어두고
어떻게 해서든지 놓칠 수 없어
당신은 내 여자 변하지 못합니다

순간 순간 아까워서 고이고이 담아두고
분한 생각에 앞이 안보여
당신을 최고로 모십니다

마음은 앞서가고 몸이 따라주지 못해
상심은 커져가도 당신은 내 여자입니다

떠나 보낼 수 없어요 1

어느날 갑자기 파아란 하늘위에
천둥번개 몰아치며 휩쓸려 갔어요
어디가 어디인지 시작은 끝나 버렸고
알아볼 수 없는 암흑이 되어 버려
넘겨다 보지 못한채 멈추었습니다

이제 더 이상 만나볼 수 없음에
당신 마음 어찌하란 말이요
이제 더 이상 사랑할 수 없음에
내 마음을 어떡하란 말이요

이제 더이상 사랑할 수 없음에
내 마음을 어떡하란 말이요
이대로 영영 떠나시렵니까?
그냥 여기서 기다리시렵니까?

붙잡고 싶어도 잡을수 없어
아무리 떼써도 힘이 없습니다

떠나 보낼 수 없어요 2

서로 마주칠 때 마음 주고 있어
아무 생각없이 그냥 지나쳤어요

지금 볼 수 없고 이제 만날 수 없어
알 수 없는 당신 마음 불안합니다

별난 사랑 숨죽이며 불 태웠고
아무 느낌 없이 그냥 만났습니다

시간이 지나가도 우리 만남 그대로
사랑만은 변치 않을 것이라 안심했어요

이제는 만나 볼 수 없음에
당신 마음 어찌 하나요
이대로 이대로 떠나시렵니까?
그냥 그대로 기다리시렵니까?

누구는 무지하게 좋겠네

선뜻 꺼내기 망신스러워
한치 앞을 내다 볼 수 없는
희미한 혼돈 속에
보이지 않는 그대 음성은
귀하고 값진 사랑되어
나를 꼭 묶어버렸습니다

저절로 해결될 수 없어요
다 잊어버리고 묶어 버린 음성으로
보여줄 것 전부 보여 드립니다
사랑소리
아름다운 사랑 소리가
머얼리서 들려오는 것 같아
희뿌연 안개를 헤치며
감동적인 순간들을 붙잡고
감미로운 향기를 맡아봅니다

당신의 웃음 속에서
눈물도 보았지만
사랑의 용기와 책임감으로
내일의 희망을 기다리며 견디어 냈습니다

단심

분노하는 열등감 속에
큰사랑은 허물을 덮어주고
폭넓은 이해심으로 존경받게 됩니다

넓은 사랑은
언제나 아름다운 분위기를 연출하지만
열등감의 질투는
침울한 분위기로 이끕니다

큰 그릇 사랑은
기쁨에 넘쳐 상대까지도 기쁘게 합니다
언제나 변함없는 큰 사랑이 되어
우리의 만남을 순결하게 지켜 가겠습니다